by
KARIN
NIEDER
MEIER

Ich wünsche dir, dass...

Für Ilka

PATTLOCH

06.02.05

Ich wünsche dir, dass... ♥ ZU ALLEN ZEITEN UND IN ALLEN VÖLKERN HABEN DIE MENSCHEN WEGE UND ZEICHEN GEFUNDEN, IHREN WÜNSCHEN AUSDRUCK ZU VERLEIHEN. • MAN VERTRAUT SCHIFFCHEN MIT KERZEN EINEM FLUSS ODER SEE AN. • IN JAPAN BINDET MAN KUNSTVOLL GEFALTETE ZETTELCHEN AN ZWEIGE VON BÜSCHEN UND BÄUMEN UND ÜBERGIBT SO DIE WÜNSCHE DEM WIND. • IN DER TÜRKEI BINDET MAN ROTE FÄDEN AN EIN FENSTER EINER MOSCHEE UND HOLT SIE ZURÜCK, WENN DER WUNSCH IN ERFÜLLUNG GEGANGEN IST. • ICH WÜNSCHE DIR, DASS DEINE WÜNSCHE IN ERFÜLLUNG GEHEN, EGAL, AUF WELCHEM WEG DU SIE AUF DIE REISE SCHICKST. ♥

Ich wünsche dir, dass...

DU IN DER GESELLSCHAFT DEINEN
FESTEN PLATZ BEHÄLTST, ANERKENNUNG FINDEST
UND ZUR FREUDE ALLER BEITRÄGST.

Ranakpur:

Beim Bau eines

indischen Tempels wird

in die Mitte ein Baum

gepflanzt. An der

Größe des Baums kann

man sehen, wie alt der

Tempel ist.

Ich wünsche dir, dass...
DU DIR DIE ERDE NUTZBAR MACHEN KANNST
UND REICHLICH ERNTE BEKOMMST FÜR DEINER
HÄNDE ARBEIT.

Das Salz der Erde:

Der Arbeiter auf dem Salzsee

in Thailand recht das Salz

zu Haufen und lässt es in

der Sonne trocknen.

Ich wünsche dir, dass...

DU IN DEINEM LEBEN BRÜCKEN BAUST
UND KEINE ABBRECHEN MUSST. LASS DICH NICHT
VON EMOTIONEN LEITEN, SONDERN HANDLE
MIT VERSTAND UND WEISHEIT.

Stara Most:

Die alte Brücke von

Mostar vor ihrer

Zerstörung. Der

Krieg – für alle

ein Verlust.

Ich wünsche dir, dass...

DU VISIONEN UND TRAUMBILDER HAST, DIE
DEIN LEBEN BEREICHERN UND DICH IN FANTASTISCHE
WELTEN ENTFÜHREN.

Mont Saint Michel:

Die Inselstadt in

der Normandie.

Zwischen Traum und

Wirklichkeit.

Ich wünsche dir, dass...
DU STETS MIT OFFENEN AUGEN DURCHS LEBEN
GEHST UND AUCH DIE VERBORGENEN SCHÖNHEITEN
DIESER WELT ERKENNST.

Türkische Träume

aus Stein: Felsformationen

bilden immer wieder

überraschende Skulpturen,

wie hier die weisen Frauen

bei Göreme.

Ich wünsche dir, dass...
DU IMMER DEN RICHTIGEN ZEITPUNKT ERKENNST,
AN DEM ES GILT, DIE WEICHEN FÜR DIE ZUKUNFT
NEU ZU STELLEN.

Leben zwischen Sanddünen:

Ein Dattelbauer in einer

marokkanischen Wüstenoase

reguliert die Schleusen

seiner Kanäle zur Bewässerung

der Felder.

Ich wünsche dir, dass...
DU EINE KLEINE GLÜCKSFEE HAST, DIE AUF DICH
AUFPASST UND DICH IN DAS REICH DER TRÄUME
ENTFÜHRT.

Die kleine Meerjungfrau:

Auch »kleine Leute«

können groß und berühmt

werden.

Ich wünsche dir, dass...

DU DEIN GLÜCK FINDEST, OB MIT ODER
OHNE HILFE VON SYMBOLEN. AUCH DORT, WO DU
ES NIE ERWARTEST.

Glücksbringer:

Eine Kette aus einem

Hufeisen, sieben

Paprikaschoten, einer

Frucht und einem Stück

Kohle soll in Indien

den Geschäften reichen

Umsatz sichern.

Ich wünsche dir, dass...
DEINE SEHNSÜCHTE IN ERFÜLLUNG GEHEN UND
DEINE WÜNSCHE ERREICHBAR BLEIBEN, SEIEN ES
GROSSE ODER KLEINE.

Gelassenheit hinter alten

Mauern: Die Frauen des

indischen Maharadschas von

Udaipur beobachten

von ihrem Palastfenster aus

das bunte Treiben auf den

Straßen der Stadt.

Ich wünsche dir, dass...

DU IMMER WIEDER IN SCHWUNG KOMMST,
WENN SICH IN DEINEM LEBEN EINE KLEINE FLAUTE
EINSTELLT.

Don Quijotes Riesen:

Ob in Holland, Spanien oder

sonst wo auf der Welt –

Windmühlen sorgen

für Schwung und Energie.

Ich wünsche dir, dass...
DU AUCH UNGEWÖHNLICHE WEGE GEHEN KANNST,
WENN DEIN SCHICKSAL ES ERFORDERT.

Marke Eigenbau:

Autos müssen nicht

unbedingt nur auf der

Straße fahren.

Ich wünsche dir, dass...

DU IMMER FLEXIBEL BLEIBST. DAS LEBEN IST
EIN STÄNDIGES AUF UND AB. ES GIBT ZEITEN INNE-
ZUHALTEN UND ZEITEN VORWÄRTS ZU GEHEN.

Die Tower Bridge in London:

Ihre Zeichen stehen immer auf

Grün – einmal für die

Schifffahrt und einmal für den

Landverkehr.

Ich wünsche dir, dass...
DU NICHT UMFÄLLST, WENN DEIN LEBEN EINMAL
IN SCHIEFLAGE GERÄT, SONDERN WIEDER FESTEN
STAND FINDEST.

Der schiefe Turm

von Pisa: Der alte

Turm lässt sich nicht

unterkriegen, allen

Widrigkeiten des

Lebens zum Trotz.

Ich wünsche dir, dass...

DU ALLE HINDERNISSE, DIE SICH
DIR IN DEN WEG STELLEN, SCHNELL UND SICHER
UMFAHREN KANNST.

Motorisiertes

Wüstenschiff: Schwer

beladen mit Heu

fährt ein Lastwagen

durch die Wüste Thar

in Rajastan.

Ich wünsche dir, dass...
DU AUSBRECHEN KANNST AUS DER WELT DER
SCHWARZWEIß-MALEREI UND BUNTE TUPFER DEINER
LEBENSFREUDE HINTERLASSEN KANNST.

Hundertwasserhaus

in Wien: Es kommt immer

auf das »Wie« an.

Egal, was du machst,

verleihe den Dingen deine

persönliche Note.

Ich wünsche dir, dass...

DU DICH NICHT DURCH UNGLAUBLICHE EREIGNISSE
IRRITIEREN LÄSST. SCHAU GENAU HIN, DANN
ERKENNST DU, DASS ALLES MIT RECHTEN DINGEN
ZUGEHT.

Verkehrte Welt?

Mitnichten, nur eine

optische Illusion.

Die Ballonfahrergondel

hängt, wie gewohnt,

unten.

Ich wünsche dir, dass...
DU IN RUHE UND GELASSENHEIT AUF DEINE
CHANCE WARTEN KANNST UND DEN RICHTIGEN
ZEITPUNKT ERKENNST, WENN SIE KOMMT.

Ägyptische Souvenir-

händler: An der Schleuse

von Edfu warten sie

auf gute Geschäfte. Es ist

nur eine Frage der Zeit,

wann das nächste

Touristenschiff eintrifft.

Ich wünsche dir, dass...

DER PALAST DEINER TRÄUME WIRKLICHKEIT
WIRD UND DASS DU STETS EIN ZUFRIEDENES LEBEN
FÜHREN KANNST.

Schattenspiele:

Licht und Schatten sind

untrennbar miteinander ver-

bunden und zaubern ein

abwechslungsreiches,

sich ständig wechselndes

Spiel der Formen, das viel

Atmosphäre schafft.

© 2004 Pattloch
GmbH & Co. KG, München

Idee, Konzeption, Fotos,
Text und Gesamtgestaltung:
Karin Niedermeier, München
Redaktion: Bettina Gratzki

Dieses Werk wurde vermittelt
durch Michael Meller Literary
Agency, www.melleragency.com

Druck und Bindung:
Offizin Andersen Nexö, Leipzig
Printed in Germany

ISBN 3-629-02031-3
Besuchen Sie uns im Internet:
www.pattloch.de

♥ ♥ ♥ ♥ ♥ ♥ ♥